AF498337

# MEMOIRE
## SUR DELIBERE'.

POUR Meſſire HENRY-GABRIEL AMPROUX, Comte
de la Maſſais, Colonel du Régiment de Piedmont, Chevalier
de l'Ordre Royal & Militaire de Saint Louis, Intimé & Défen-
deur.

CONTRE *Meſſire Jacques-Armand du Vigier, Conſeiller
du Roy en ſes Conſeils, & ſon Procureur General au Parlement de Bourdeaux, Appelant & Demandeur.*

OUTE la queſtion de la Cauſe ſe réduit à l'unique
point de ſçavoir s'il peut être permis à un créancier par-
ticulier d'attaquer, par la voye de l'appel, une Sentence
renduë il y a ſoixante-deux ans, avec le Corps d'une
Direction ſtipulant les droits & les interêts de tous les
créanciers, à laquelle les Directeurs ont expreſſément
acquieſcé, & ſur laquelle il y a eu une tranſaction paſſée en conſéquence.

M. du Vigier hors d'état de conteſter le principe général, que ce qui
eſt jugé dans une Direction avec les Directeurs eſt cenſé l'être avec
chaque créancier, n'a point imaginé d'autre reſſource que de vouloir
en borner l'effet aux créanciers qui ont ſigné le contrat d'union, ou
avec leſquels il a été homologué.

Non-ſeulement cette exception ne ſeroit propoſable que dans la bou-
che d'un créancier, qui auroit alors manifeſté ſon droit, & avec lequel on
auroit négligé de faire homologuer le contrat d'union; & elle révolte de
la part d'un créancier qui ne s'eſt fait connoître que plus de dix ans
après le contrat d'union, & la Sentence arbitrale qu'il veut attaquer,
puiſqu'il ne peut s'en prendre qu'à lui-même, s'il n'a pas été alors ap-

A

pellé, ni prétendre se faire un moyen de sa propre négligence ; pour renverser tout ce qui a été fait de bonne foi avant sa premiere demande. Mais d'ailleurs on verra qu'à l'instant même de cette demande, les auteurs de M. du Vigier ont adheré de fait à ce contrat d'union, & que l'approbation qu'ils y ont donnée par leur propre conduite est aussi décisive que s'ils l'avoient signé, ou s'il avoit été homologué avec eux.

Le détail des faits va mettre ce moyen dans tout son jour, & y ajouter une nouvelle force.

## F A I T.

Jacques Amproux, Ecuyer, Seigneur de l'Orme, Conseiller d'Etat & Intendant des Finances, est décedé le 21 Août 1679. Il laissoit, à la verité , des biens considerables ; mais on craignit dès-lors que les dettes ne fussent plus fortes, & c'est ce qui détermina les Interessez à chercher à épargner les frais, & à ménager les biens pour se procurer leur payement.

Les heritiers, tant freres, que sœur, neveux & niéces, étoient au nombre de douze. Madame de Saint-Martin, une des niéces, renonça à la succession. Les onze autres heritiers accepterent la succession par benefice d'inventaire ; mais ils n'eurent qu'un vain nom. Les créanciers s'emparerent de tout, & établirent la forme de régie qu'ils crurent la plus convenable à leurs interêts. Ce fait est prouvé par le contrat de Direction du 11 May 1680 passé entre les heritiers & les créanciers unis.

Les Parties y disent que désirant conserver l'honneur & la mémoire du défunt sieur de l'Orme , & empêcher autant qu'il sera possible la dissipation des biens & effets de sa succession, qui étoit inévitable, si chacun des créanciers exerçoit ses droits , & faisoit des pourfuites en son particulier, & si les immeubles étoient vendus en rigueur de Justice ; & ne voulant point faire de contrat d'abandonnement ni de cession , tant par les raisons génerales qui ne sont que trop connuës , que parce qu'apparemment les biens de sa succession seront plus que suffisans pour l'acquittement de ses dettes passives, ils sont convenus pour le bien commun & l'assurance réciproque des heritiers ou créanciers, que tous les titres, papiers & enseignemens inventoriez après le décès du sieur de l'Orme , & autres qui pourroient être recouvrez, seroient mis dans une armoire à trois clefs ; dont l'une sera remise à M. Amproux Conseiller en la Cour, une à M. Boucher Président à Mortier au Parlement de Metz, & la troisiéme à Madame de la Cour des Bois ; laquelle armoire restera dans la maison de la Dame de l'Orme , veuve du défunt ; & en cas de transport dans une autre maison, il y sera ajouté une quatriéme serrure , dont la clef sera donnée à la Dame de l'Orme.

Les papiers ne seront tirez de l'armoire que sous le récepissé de ceux qui s'en chargeront, & ils seront préalablement paraphez par les Préposez. On nomme un Procureur , par le ministere duquel toutes les affaires de la Direction seront suivies , & les significations qui seront faites à son domicile vaudront comme à la propre personne de chaque créancier.

On nomme trois Agens, un pour les biens de Paris , un pour ceux de

Poitou, un autre pour ceux de Bretagne, à l'effet de faire les diligences néceffaires, pour travailler au recouvrement des effets de la fucceffion, fuivant les ordres des Prépofez.

*Et pour le recouvrement de tous les effets de ladite fucceffion, lefdits fieurs heritiers & créanciers ont nommé Meffieurs Amproux, Boucher, Girardin Lieutenant Civil, les fieurs de Beringhen, Boisherpin, Charpentier, & de Pymont, en préfence & du confentement defquels les biens feront vendus & le prix remis dans les coffres de la Direction avec les fruits & revenus des biens.*

S'il furvient des conteftations entre les créanciers entr'eux, ou entre les créanciers & les heritiers ; toutes les Parties conviennent de Meffieurs Portail & le Camus, Confeillers en la Cour, pour les regler, avec faculté de leur part de prendre un tiers en cas d'avis contraire ; & comme la fucceffion du fieur de l'Orme devoit un compte de tutelle aux Sieurs & Demoifelle de la Maffais, à raifon de la régie & adminiftration qu'il avoit eue de leur perfonne & biens, on arrête que ce compte fera rendu par le fieur Amproux, avec la précaution néanmoins que la clôture & l'arrêté ne pourront en être faits qu'après que le tout aura été vû & examiné par les fieurs Boucher, Boisherpin & de Pymont, & que les difficultez en feront pareillement reglées par Meffieurs Portail & le Camus.

*Pour l'exécution du préfent contrat & avis, & tout ce qu'il conviendra faire, il fera fait tous les Jeudis de chacune femaine, une Affemblée en la maifon où feront les papiers & titres de la fucceffion, & une génerale le premier Jeudy de chacun mois, où chacun des Sieurs & Dames créanciers pourront fi bon leur femble, fe trouver, fans qu'on foit tenu de leur faire aucune fommation par écrit, & ce qui y fera arrêté par lefdits fieurs Prépofez au nombre de quatre, avec ceux qui s'y trouveront, fera executé comme fi tous lefdits fieurs Prépofez, Sieurs & Dames créanciers y avoient été préfens.*

Telle eft l'analyfe exacte du contrat du 11 May 1680, dans lequel on voit qu'il n'eft rien laiffé à la difpofition des heritiers, & que toute la fucceffion foit par rapport aux titres & papiers, foit par rapport aux revenus & recouvrement des effets actifs, eft confiée à des Prépofez qui ont été chargez de l'integrité de ce maniement ; & qu'il eft expreffément ftipulé que ce qu'ils auront arrêté fera executé, comme fi chaque créancier y avoit été préfent. Cette claufe recevra dans un inftant fon application.

Ce contrat avoit été figné par la plus grande partie des créanciers du fieur de l'Orme. Peu après M. Pucelle, Confeiller en la Cour, & M. Triton, Confeiller en la Cour des Aydes, y accederent ; & il fut homologué par Arrêt de la Cour du 13 Juin 1680, pour être exécuté felon fa forme & teneur.

Ce même Arrêt contient commiffion pour affigner les refufans ; en conféquence tous les créanciers connus & oppofans au fcellé furent affignez pour le voir homologuer avec eux, & on n'avoit nul interêt d'en obmettre aucun ; puifque l'Ordonnance de 1673, qui étoit dèslors dans toute fa vigueur, leur impofoit la Loi d'y acceder, & qu'il n'avoit pour objet que l'interêt commun ; auffi aucun d'eux ne refufat-il son consentement , & on en a la preuve dans deux actes des 10 Juin 1682 & 27 Juin 1684, qui contiennent un renouvellement du contrat d'union du 11 May 1680 , & une confirmation encore plus ample des pouvoirs qui y avoient été donnez aux Directeurs.

Il y est dit, que pour empêcher la dissipation des biens du sieur de l'Orme, qui arriveroit nécessairement si chacun des Sieurs & Dames créanciers exerçoit ses droits & faisoit des poursuites particulieres,& si les immeubles & autres effets étoient vendus en rigueur de Justice , & aussi pour faire regler & décider le plus promptement , & aux moindres frais que faire se pourra, les contestations & différends mus & à mouvoir entre les créanciers , ou entre les créanciers & heritiers ou quelqu'un d'eux, tant pour raison des hipoteques , privilege & préférence ou validité des créances, qu'autrement, les Sieurs & Dames heritiers beneficiaires & créanciers, *pour avoir la conduite & Direction, agir & défendre , transiger , composer , faire des remises , transporter , vendre & affermer , & géneralement faire tous actes & poursuites concernans les biens & droits de la succession beneficiaire* , ont choisi , nommé & élû „pour Préposez Messieurs Amproux ,Boucher, Girardin , & les sieurs „de Beringhen , Boisherpin , de Niert , & Me. Robethon , ci-devant „ Procureur en la Cour, lesquels en cette qualité de Préposez conjointe- „ ment avec le sieur Amproux Conseiller , èsdits noms, auront tout pou- „voir d'exercer les droits & actions de ladite succession beneficiaire , „ soutenir les actions qui pourront être intentées contr'elle , poursuivre „ le payement de toutes les sommes de deniers qui peuvent lui être dûes, „ faire vente à l'amiable des meubles qui restent dans lad. succession , s'il „échoit ; même lesd. Srs. Préposez en présence & du consentement dud. „Sr. Amproux Conseiller , èsdits noms d'heritier beneficiaire , & com- „ me représentant la plus grande partie de ses co-heritiers, pourront faire „ vente à l'amiable des terres , maisons, heritages, rentes & autres im- „ meubles de la succession beneficiaire , & que la distribution des de- „ niers provenans desd. rentes , revenus des immeubles ou autrement, „ même de ceux qui sont présentement entre les mains du sieur Sanson „ Receveur des Consignations , sera faite entre les Srs. & Dames créan- „ ciers , par contribution , préference & concurrence , si aucuns d'eux „les ont , ainsi qu'il sera avisé & reglé par les sieurs Préposez.

Il étoit difficile de donner aux Directeurs un Pouvoir plus ample ; & lorsque les Sieurs & Demoiselle de la Massais ont traité avec eux , on peut dire qu'ils ont contracté sur la foi publique ; & que personne , à leur place , n'eût pû se conduire différemment.

Le Comte de la Massais qui n'a aucun titre entre les mains que ceux qui lui sont personnels , & qui n'a recouvert que par le plus grand hasard un exemplaire imprimé des contrats d'union , dont on vient de parler , est fort peu au fait des operations qui ont été faites en conséquence, ni de ce qu'est devenu le prix des biens du sieur de l'Orme, qu'il s'agissoit de vendre & de distribuer. Les piéces qu'il a pû rassembler après un si long-tems, ne lui donnent d'instruction que pour ce qui le concerne personnellement , & sur l'origine & le titre des biens qu'il possede; ainsi il ne peut rendre compte que des faits qui y ont rapport.

On

On a dit plus haut qu'il étoit dû un compte aux Sieurs & Demoiselle de la Maſſais par la ſucceſſion du ſieur de l'Orme, à raiſon de la tutelle qu'il avoit euë de leurs biens, & qu'il avoit été convenu que le compte ſeroit rendu par M. Amproux, & vû & examiné par les Directeurs. Ce compte fut en effet rendu, & comme il s'éleva des débats conſiderables à cette occaſion, toutes les Parties remirent leurs titres & piéces entre les mains de M. Portail, & de M. Deſpinoy Arbitre convenu au lieu & place de M. le Camus qui avoit refuſé. Ces deux Arbitres après avoir tout peſé & tout examiné, rendirent leur Sentence arbitrale le 7 Septembre 1683, par laquelle ils déciderent tous les articles du compte qui étoient en débat, & jugerent la ſucceſſion de l'Orme débitrice de ſommes très-conſiderables des Sieurs & Dame de la Maſſais, pour leſquelles, porte leur Sentence, les oyans compte auront hipoteque ſur les biens du ſieur de l'Orme du 22 Décembre 1659, jour de la Sentence de tutelle. Cette Sentence ne contient point le reliquat fixe & précis du compte de tutelle, mais on verra dans un moment qu'il a été fixé par un acte poſterieur à 239000 livres.

La Sentence arbitrale a été prononcée aux Parties le 9 Septembre 1683, & le 15 dud. mois ſignifiée au Procureur de la Direction.

Il fut queſtion en exécution de cette Sentence arbitrale de prendre des arrangemens pour le payement d'une dette auſſi privilegiée & auſſi ancienne; il y eut à ce ſujet deux actes paſſez entre les héritiers & les Prépoſez par le corps des créanciers unis, & les Sieurs & Dlle. de la Maſſais, le 21 Juillet 1684, dont les diſpoſitions ſont extrêmement importantes.

On expoſe dans le premier, qu'en exécution du contrat d'union, & pour parvenir à la vente des Terres du Parc & Mouchamp, S. Hilaire, Fief d'Anguitard & autres biens immeubles dépendans de la ſucceſſion du ſieur de l'Orme, il avoit été fait à la requête des Prépoſez par le corps des créanciers pour le recouvrement des effets & biens de la ſucceſſion, & la diſtribution des deniers provenans d'iceux, pluſieurs publications & appoſitions d'affiches, tant à Paris que ſur les lieux, pour être procedé à leur vente, au plus offrant & dernier encheriſſeur, & qu'il ne s'eſt trouvé perſonne qui ait plus offert de la Terre de Mouchamp, Châtellenie de Vandrennes, Terre de S. Hilaire, Fief d'Anguitard, circonſtances & dépendances, que les Sieurs & Demoiſelle de la Maſſais; & leurs offres ayant été trouvées raiſonnables, M. Amproux en ſa qualité d'héritier bénéficaire de la ſucceſſion de l'Orme, & fondé de la procuration des autres héritiers de la ſucceſſion, en préſence, & du conſentement des Prépoſez par le corps des créanciers à la vente & diſtribution des effets de la ſucceſſion, les leur ont adjugez pour le prix & ſomme de 177000 livres par eux offerts, à l'effet dequoi ils leur tranſportent tout & tel droit de proprieté, noms, raiſons & actions reſcindantes & reſciſoires, & qu'ils peuvent y avoir, & qui pouvoient appartenir au défunt ſieur de l'Orme. Il eſt convenu en même-tems que le payement de ces 177000 livres ſe fera par compenſation avec celle dûe aux Sieurs & Demoiſelle de la Maſſais par la ſucceſſion du défunt ſieur de l'Orme, laquelle ſera déduite & précomptée ſur le prix de la vente.

Comme la Dame de l'Orme avoit une hipoteque ſur ces biens, antérieure à celle des Sieurs & Demoiſelle de la Maſſais, il eſt convenu qu'ils ne pourront faire décreter ſur eux les biens qui leur ſont adjugez, qu'elle n'ait été entierement payée de ſes conventions matrimoniales, & que ſi à ſa requête il étoit fait des pourſuites contre les Sieurs & Demoiſelle de la Maſſais, ils ne pourroient à ce ſujet prétendre aucuns dommages & interêts contre la ſucceſſion du ſieur de l'Orme, mais ſeulement la répétition des ſommes qu'ils auroient été obligez de lui payer avec les interêts du jour des payemens, dont ils ſeroient rembourſez par préference, ainſi que des frais qu'ils ſeroient obligez de faire ſur les autres effets de la ſucceſſion. Les Sieurs & Demoiſelle de la Maſſais s'obligent de vendre inceſſamment les Bois de la Terre du Parc juſqu'à concurrence de la ſomme de 34000 liv. pour acquitter une des dettes privilegiées dûës à la Dame de l'Orme, avec faculté à eux de ſe faire ſubroger en ſes droits, & de repeter ſur les autres effets de la ſucceſſion du ſieur de l'Orme, le principal & les interêts de ce qu'ils lui auront payé, ſans être tenu d'en former demande. Les héritiers bénéficiaires & les créanciers s'obligent de plus de pourvoir inceſſamment au payement de la Dame de l'Orme, & des autres créanciers privilegiez ſur les Terres, ſi aucuns y a, à l'effet de les affranchir des hipoteques dont elles pourront être chargées, même de leur remettre tous les titres & papiers qu'ils ont concernant la proprieté des Terres à eux abandonnées, ſuivant le bref état qui en ſera dreſſé, au pied duquel les Sieurs & Demoiſelle de la Maſſais ſeront tenus de s'en charger.

Par le ſecond acte du même jour, paſſé entre les mêmes Parties, on rend compte d'abord des diſpoſitions de la Sentence arbitrale du 7 Septembre 1683 ; on y dit que calcul fait des differentes condamnations qu'elle prononce au profit des Sieurs & Demoiſelle de la Maſſais, contre la ſucceſſion du ſieur de l'Orme, elles ſe ſont trouvées monter à 239609 liv. 15 ſols 7 d. déduction faite de ce qu'ils ont reçu. Les Directeurs ajoutent qu'ils étoient prêts à ſe pourvoir par appel contre cette Sentence, & qu'ils avoient eſperance de la faire infirmer en pluſieurs chefs, & de réduire ces condamnations. Les Sieurs & Demoiſelle de la Maſſais répondent qu'ils ne ſont pas embaraſſez de la faire confirmer, d'autant que toutes les ſommes qui leur ſont adjugées leur ſont légitimement dûës, & qu'ils auroient plutôt ſujet de ſe plaindre de cette Sentence, en ce qu'elle les a déboutez de pluſieurs chefs de demandes qu'ils eſtiment juridiques & bien fondées ; que cependant, pour éviter toute conteſtation à ce ſujet, ils offrent aux héritiers bénéficiaires, & au corps des créanciers, dans la perſonne de ſes Prépoſez, de faire diminution & remiſe au profit de la ſucceſſion du ſieur de l'Orme ſur la ſomme de 239609 liv. 15 ſ. 7 d. à eux adjugée, de celle de 27000 liv. en leur abandonnant, en conſideration d'icelle, la portion héréditaire qui appartenoit au ſieur de l'Orme en la ſucceſſion de Philippes-Timothée Amproux adjugée au ſieur de l'Orme par cette Sentence arbitrale, *& en acquieſçant à cette Sentence* ; ce qui ayant été trouvé utile & avantageux pour la ſucceſſion par les heritiers & Prépoſez par les créanciers, les Parties ont tranſigé.

1°. Toutes les Parties déclarent acquieſcer purement & ſimplement à la Sentence arbitrale du 7 Septembre 1683, & conſentir qu'elle ſorte ſon plein & entier effet ; & en conſequence, les Sieurs & Demoiſelle de la Maſſais ont volontairement fait remiſe de la ſomme de 27000 liv. ſur leurs créances qui demeurent par ce moyen fixées à 212609 liv. 15 ſ. & les héritiers & créanciers de leur part abandonnent aux Sieurs & Demoiſelle de la Maſſais la portion héreditaire du ſieur Philippes-Thimothée Amproux adjugée au ſieur de l'Orme.

2°. On convient qu'attendu que les Sieurs & Demoiſelle de la Maſſais ſont débiteurs de la ſucceſſion du ſieur de l'Orme de 177000 liv. pour le prix des Terres du Parc, Mouchamp, S. Hilaire, & Fief d'Anguitard à eux adjugées, ils ont fait diminution de cette ſomme ſur celle de 212609 liv. à eux dûë, qui par ce moyen demeure réduite à celle de 35609 liv. 15 ſ. 7 d. ſur laquelle les créanciers & Prépoſez propoſent de payer inceſſamment 8609 liv. & pour les 27000 liv. font ceſſion & tranſport de differens effets & rentes appartenantes à la ſucceſſion du ſieur de l'Orme, ſans aucune autre garantie que celle de leurs faits & promeſſes, au moyen dequoi les Sieurs & Demoiſelle de la Maſſais donnent main-levée de toutes leurs ſaiſies & oppoſitions entre les mains des Fermiers & débiteurs de la ſucceſſion du ſieur de l'Orme.

On voit par l'analyſe de ces deux actes, que le Comte de la Maſſais qui repréſente les Sieurs & Demoiſelle de la Maſſais qui y ſont Parties, ne tient rien des biens dont il s'agit dans la cauſe, & que M. du Vigier voudroit lui enlever, de la qualité qu'ils avoient d'héritiers bénéficiaires pour un douziéme du feu ſieur de l'Orme. Il ne poſſede ces biens qu'à titre de créancier en vertu de l'abandon ſolemnel qui leur en a été fait par leurs cohéritiers, & les Prépoſez des créanciers unis.

Cependant ce qu'on avoit prévu ne manqua pas d'arriver. La Dame de l'Orme plus ancienne créanciere que les Sieurs & Demoiſelle de la Maſſais interjetta appel de l'adjudication qui leur avoit été faite des Terres du Parc, Mouchamp, circonſtances & dépendances, & elle reſtraignit ſon appel en ce qu'on leur avoit délaiſſé ces Terres pour leur reliquat de compte de tutelle, à ſon préjudice & ſans les charger de ſes créances; en conſéquence elle demanda à être payée ſur le prix des Terres venduës & adjugées de tout ce qui lui étoit dû en principal, interêts, frais & dépens, & que ces Terres fuſſent déclarées affectées & hipotéquées à ſon payement; en quoi on voit qu'elle reconnoiſſoit également la Sentence arbitrale du 7 Septembre 1683, & l'abandon fait en conſéquence aux Sieurs & Dlle. de la Maſſais. Les héritiers & créanciers unis interjetterent appel de leur part, d'une Sentence des Requêtes de l'Hôtel du 19 Septembre 1684 qui avoit déclaré le contrat de mariage de la Dame de l'Orme exécutoire, & fixé ſes differentes créances, & ils la ſoutinrent non-recevable & mal fondée dans ſes appels, ſous prétexte qu'elle étoit remplie de ſes créances par les recelez & divertiſſemens par elle commis. A l'égard des Sieurs & Demoiſelle de la Maſſais, on voit qu'ils ne prirent aucune part à cette conteſtation, & qu'ils ſe contenterent de dénoncer aux héritiers & créanciers les demandes formées contr'eux par la Dame de l'Orme.

Ces conteſtations furent jugées par Arrêt de la Cour du 8 Février 1688. Par cet Arrêt les Sentences dont étoit appel ſont infirmées; émendant, les héritiers bénéficiaires, & les créanciers unis, & encore les Sieurs

& Demoiſelle de laMaſſais comme détempteurs desTerres du Parc,Mou-
champ , circonſtances & dépendances , ſont condamnez de payer à la
Dame de l'Orme en deniers ou quittances la ſomme de 80000 livres
pour ſa dot & repriſes, & aux interêts du jour de la demande , liquidez
par l'Arrêt à 31622 liv. 4 ſ. 2 d. à l'hipoteque du 7 Décembre 1638,
jour de ſon contrat de mariage, juſqu'à concurrence de 63950 l. de principal & interêts échus, & ſimplement du 17 Novembre 1666, jour du
contrat de vente d'une maiſon ruë S. Nicaiſe à elle appartenante,pour la
ſomme de 16050 l. de principal & interêts qui en formoit le prix, enſem-
ble les arrérages de ſon douaire à raiſon de 600 l. par an, échus depuis le
21 Août 1679 , jour du décès du ſieur de l'Orme, montant à 5065 l. 2 ſ.
& à les continuer à l'avenir,à l'effet dequoi l'Arrêt ordonne qu'il ſera mis
entre les mains d'un notable Bourgeois dont les Parties conviendront
une ſomme de 12000 liv. pour lui en faire l'interêt.

Par une autre diſpoſition , il eſt dit que les bagues & joyaux qui
ſe ſont trouvez après le décès du ſieur de l'Orme, reſteront & appartien-
dront à la Dame de l'Orme, en tenant par elle compte ſur ce qui lui eſt
dû de la ſomme de 3375 liv. Les héritiers & créanciers ſont en outre
condamnez de l'acquitter, garantir & indemniſer de toutes les dettes
auſquelles ſon mari l'a fait obliger, pour raiſon dequoi il eſt dit qu'elle
aura hipoteque du jour de ſon contrat de mariage.

Par la diſpoſition ſuivante , l'Arrêt déclare la Terre du Parc & Mouchamp , & dépendances , abandonnées aux Sieurs & Demoiſelle de la
Maſſais , affectées & hipotequées au payement de la ſomme de 34000
livres, dûe à la Dame de l'Orme pour le payement par elle fait le
premier Février 1663 à Anne Chabot de pareille ſomme par elle prêtée
& employée par le ſieur de l'Orme à l'achat de la Terre du Parc, les
Sieurs & Demoiſelle de la Maſſais ſont condamnez en qualité de détempteurs de cette Terre à lui paſſer titre nouvel & reconnoiſſance de la
rente de 1700 liv. à elle dûe à ce ſujet,& en conſequence ſur l'appel de la
Dame de l'Orme de la Sentence de licitation du 21 Juillet 1684,
contenant adjudication de cetteTerre aux Sieurs & Dlle.de la Maſſais, la
Sentence eſt confirmée,& il eſt dit qu'elle ſortira ſon plein & entier effet.

Enfin par une derniere diſpoſition l'Arrêt condamne , tant les héritiers
bénéficiaires que les créanciers unis, à acquitter, garantir & indemniſer
les Sieurs & Demoiſelle de la Maſſais des condamnations contr'eux pro-
noncées au profit de la Dame de l'Orme , tant en principal qu'interêts
& frais, qu'il eſt dit qu'ils reprendront par préference à tous créanciers
ſur tous les biens meubles & immeubles du ſieur de l'Orme.

En exécution de cet Arrêt, les Sieurs & Demoiſelle de la Maſſais
ont été obligez de ſervir à Meſſieurs de Caumartin & de Richebourg la
rente de 1700 liv. mentionnée dans cet Arrêt, au principal de 34000 l.
juſqu'en 1708 qu'ils l'ont rembourſée. Cette créance forme aujourd'hui
un objet de plus de 80000 l. que le Comte de la Maſſais perd ſans reſſource, ſans qu'à ce ſujet il ait imaginé d'aller troubler ceux qui avoient traité
avec la Direction, & fait liquider avec elle leurs créances.

Ce qui s'eſt paſſé avec M. du Vigier lui-même au ſujet des créances
de la Dame de l'Orme dont il étoit heritier, eſt encore plus déciſif
contre la prétention qu'il fait éclore.                                    Le

Le Comte de la Maſſais qui avoit vû les Terres qui lui avoient été données en payement affeétées par l'Arrêt du 8 Février 1688 , aux créances de la Dame de l'Orme , penſa à les acquitter , ou du moins à ſe procurer le payement, de l'indemnité que cet Arrêt lui accordoit.

Le Roy avoit retiré ſur le Comte de Talhouet, il y avoit quelques années , le Domaine engagé de Rhuys , & la finance de l'engagement avoit été liquidée par Arrêt du Conſeil à 190000 liv. dont le payement devoit être fait aux créanciers du Comte de Talhouet.

Le premier de ces créanciers étoit la ſucceſſion du ſieur de l'Orme , à laquelle il étoit dû 165000 l. Le Roy hors d'état pour lors de s'acquitter en argent , offrit de faire vendre des Domaines , & de les donner en payement ; les heritiers de la Dame de l'Orme , dont la créance étoit en ſureté , ne voulurent point s'en charger. Le Comte de la Maſſais à leur refus, fut obligé de s'en rendre adjudicataire, moyennant 200000 liv. & comme il ne pouvoit payer le prix de cette adjudication qu'avec les créances de la Dame de l'Orme , il ſe détermina à traiter avec ſes heritiers , & à acquerir leurs droits. C'eſt ce qui a été executé par la tranſaétion du 3 May 1698.

Par cette tranſaétion , les créances de la Dame de l'Orme , dont l'hipoteque remontoit au 7 Décembre 1638 , jour de ſon contrat de mariage , ſont fixées à 107501 liv. de principal , & à 41370 liv. d'interêts. Le Comte de la Maſſais paye ces interêts en mandemens & délegations, & à l'égard du principal , il conſtitue ſur lui 5300 liv. de rente qu'il a depuis rembourſé. Au moyen de quoi les heritiers de la Dame de l'Orme le ſubrogent en tous leurs droits. A l'égard des 16050 liv. qui n'entroient point dans le calcul précedent , & pour leſquelles la Dame de l'Orme n'avoit hipoteque que du 22 Novembre 1666 , poſterieure à celle des Sieurs & Demoiſelle de la Maſſais , fixée par la Sentence arbitrale du 7 Septembre 1683 , au 22 Décembre 1659 , les heritiers de la Dame de l'Orme ſe réſervent tous leurs droits pour être payez s'il y a lieu ſur les autres biens du ſieur de l'Orme , ainſi que pour être indemniſez en cas qu'il y écheoit des dettes auſquelles la Dame de l'Orme étoit obligée. Qui auroit alors pû penſer que M. du Vigier qui jouë le principal rôle dans cette tranſaétion , en qualité d'heritier de la Dame de l'Orme , & qui traite avec le Comte de la Maſſais, dans ſa qualité de créancier & d'Adjudicataire de partie des biens de la ſucceſſion , viendroit 47 ans après conteſter ces créances , qu'il avoit alors ſi expreſſement reconnu , ſoit en ne ſe réſervant ſon recours pour les 16050 l. pour leſquelles la Dᵉ. de l'Orme n'étoit pas colloquée utilement, que ſur les autres biens de la ſucceſſion, ſoit en traitant avec lui des autres créances de la Dame de l'Orme , dont il n'étoit chargé qu'autant que la Sentence du 7 Septembre 1683 , & l'adjudication faite en conſequence le 21 Juillet 1684 , ſubſiſtoient.

Ces faits expliquez , il faut paſſer à ce qui concerne la créance que vient aujourd'hui répeter M. du Vigier.

Il paroît , que le 30 Août 1660 , le ſieur de l'Orme avoit fait un billet ſous ſeing privé au ſieur du Candal ſon ami, d'une ſomme de 50000 liv. dans la vûë , ainſi qu'on l'a toujours crû dans la famille , & que la tradition l'a appris au Comte de la Maſſais, d'en faire ſous ſon nom un avantage à ſa femme.

Pour donner plus de couleur à cet emprunt qui n'étoit que fictif, on avoit obtenu le 11 Août 1665, ſous le nom du ſieur du Candal, une Sentence au Châtelet, portant reconnoiſſance du billet, & condamnation de cette ſomme. Mais cette Sentence étoit demeurée ſans execution, & depuis 1665, juſqu'au 21 Août 1679, tems du décès du ſieur de l'Orme, il n'avoit été fait ni payement de la part du ſieur de l'Orme à compte du principal & des interêts des 50000 liv. ni pourſuites de la part du créancier.

Le ſieur de l'Orme étant décedé, le 21 Août 1679, il y eut une appoſition de ſcellé; tous les créanciers eurent ſoin d'y former oppoſition, & de manifeſter leur droit. Le ſieur du Candal ſeul, ſoit qu'il ne voulût point ſoutenir en Juſtice cette créance, ſoit qu'il fût perſuadé que l'hipoteque n'en viendroit point en ordre utile, n'y parut point, & tant qu'il a vêcu, il a perſiſté dans ce ſilence, ſans qu'on trouve ſon nom, ni dans les contrats d'union de 1680, de 1682 & de 1684, & dans l'Arrêt d'ordre du 2 Avril 1689, ni que les differentes affiches appoſées partout des biens du Sr. de l'Orme, & les Décrets faits par les Adjudicataires ayent pû le lui faire rompre.

Le ſieur du Candal étant décedé, ſes heritiers, ou moins inſtruits, ou moins ſcrupuleux que lui ont réveillé cette créance, & en ont demandé le payement.



Le 18 Avril 1692, ils demanderent contre les heritiers & les Directeurs, que la Sentence du 11 Août 1665, fût déclarée exécutoire contr'eux, comme elle l'étoit contre le défunt ſieur de l'Orme; en conſéquence qu'ils fuſſent condamnez de leur payer en leur qualité d'heritiers beneficiaires, & de Directeurs, les 50000 l. de principal y portées, avec les interêts, à compter du 13 Juillet 1665 jour de la demande.

Il eſt inutile d'entrer dans le détail de la conteſtation que cette demande a occaſionnée. Comme on étoit perſuadé dans la Direction, que cette ſomme n'étoit pas duë, on a oppoſé avec confiance la preſcription aux Sieurs du Candal, & on a même paſſé à l'inſcription de faux contre un regiſtre qu'ils repréſentoient pour l'interrompre. Par Arrêt du 18 Avril 1701, les moyens de faux ont été déclarez pertinents, & les Experts ont eſtimé que le regiſtre avoit été altéré, & qu'on y avoit commis le faux dont il étoit argué. Mais malgré cet avantage, la preſcription ni la péremption ne s'étant pas trouvées fondées, il eſt intervenu le 19 Août 1709, Arrêt qui a déclaré executoire au profit des Sieurs du Candal, la Sentence de 1665, & a condamné les heritiers beneficiaires & les Directeurs dans leurs qualitez, au payement des ſommes y contenuës.

Les Sieurs du Candal eux-mêmes n'ont pas cru alors pouvoir tirer aucun fruit de cette victoire, & ils ſont demeurez parfaitement tranquilles juſqu'en 1732, que le ſieur du Candal de Fontenailles qui avoit réuni les droits de ſes freres & ſœurs, afait une donation entre-vifs à M. du Vigier ſon neveu de cette créance.

M. du Vigier a voulu être plus habile que ſes Auteurs, il a fait faire des faifies fur le Comte de la Maffais , entre les mains des Fermiers des Domaines d'Aunay , Chizé , Fontenay & Mouchamp , cédez à fon pere par les tranfactions des 21 Juillet 1684 & 3 May 1698.

Par fes défenfes du 2 Juin 1733, le Comte de la Maffais a juftifié qu'il ne poffedoit point ces biens à titre d'heritier , mais à titre de créancier , & pour des créances anterieures à celles de M. du Vigier , & il a demandé main-levée de ces faifies.

Par Arrêt du 3 Septembre 1733, il a été ordonné au Comte de la Maffais de donner communication à M. du Vigier des titres énoncez dans ces défenfes , & cependant on lui a fait main-levée provifoire des faifies à fa caution juratoire.

M. du Vigier ayant eu cette communication n'a pas cru alors pouvoir interjetter appel de la Sentence du 7 Septembre 1683 ; il s'eft réduit à demander au Comte de la Maffais un compte du benefice d'inventaire de la fucceffion du fieur de l'Orme.

Comme le pere du Comte de la Maffais n'avoit jamais, ni rien reçu , ni rien geré dans cette fucceffion , ainfi qu'il étoit prouvé par les actes des 11 May 1680 & 10 Juin 1682 , & qu'il étoit inutile de rendre un compte pour dire qu'on ne s'étoit point immifcé ; le Comte de la Maffais a cru pouvoir foutenir qu'il ne devoit point de compte , & qu'il y avoit lieu de le décharger directement de cette demande.

Cette conteftation ayant été appointée , a été jugée par l'Arrêt du 27 Mars 1744.

Par cet Arrêt , le Comte de la Maffais eft condamné à rendre compte à M. du Vigier de la fucceffion beneficiaire du fieur de l'Orme , en ce qui concerne la geftion & adminiftration , *fi aucunes ont été faites* , par le Comte de la Maffais fon pere , ou par lui perfonnellement , des affaires de la fucceffion du fieur de l'Orme , enfemble des biens & effets dépendants de cette fucceffion que le fieur de la Maffais pere a eus entre fes mains , ou que le Comte de la Maffais peut avoir encore en fa poffeffion , à l'effet de quoi il fera tenu de repréfenter l'inventaire , fait après le décès du fieur de l'Orme , & de juftifier tant par les pieces déja produites qu'autres , du titre , en vertu duquel il pourroit fe trouver en poffeffion de tout ou partie des biens de la fucceffion du fieur de l'Orme , autres toutefois qu'en fa qualité d'heritier.

En execution de cet Arrêt , le Comte de la Maffais a rendu & affirmé fon compte ; & ce compte fe réduit à dire , qu'il n'a rien reçu, ni rien dépenfé en qualité d'heritier , & qu'à titre de créancier il poffede la Terre de Mouchamp & dépendances à lui abandonnées par la tranfaction du 21 Juillet 1684, pour 177000 liv. qui ont été alors compenfées avec ce qui lui étoit dû. Il a ajouté que loin de rien devoir à ce titre à la fucceffion , il étoit en avance de 175000 liv. au moyen des fommes qu'il avoit été obligé de payer à des créanciers anterieurs à lui , lefquelles il perdoit fans aucune reffource.

Au lieu par M. du Vigier , de fournir contre ce compte , de débat , & de forcer , comme il en a la faculté , la recette du Comte de la Maffais , en juftifiant que fon pere ou lui fe font immifcez dans la fucceffion , & qu'à titre d'heritier il poffede le tout ou partie des biens, il a pris le parti d'interjetter appel de la Sentence arbitrale du 7 Septembre 1683 , qui a liquidé les créances des auteurs du Comte de la Maffais à 239000 liv. & il a conclu par une Requête du 12 Mars 1745 , à ce qu'en recevant son appel, il soit ordonné que dans huitaine pour tout délai, le Comte de la Maffais sera tenu de lui communiquer, sous le recepiffé de son Procureur, le compte de tutelle & les pieces justificatives, enfemble les débats si aucuns ont été fournis contre ledit compte, sur lesquels la Sentence arbitrale a été renduë, & l'acte en forme de licitation, du 21 Juillet 1684, pour après cette communication prendre telles conclufions qu'il avifera.

Le Comte de la Maffais a mis dans son sac & communiqué au Défenfeur de M. du Vigier la groffe de la Sentence arbitrale du 7 Septembre 1683 , & l'acte en forme de licitation du 21 Juillet 1684 , il y a même joint une tranfaction du même jour par laquelle les heritiers & les Syndics & Prépofez des créanciers du fieur de l'Orme, ont acquiefcé à cette Sentence ; mais quant au compte de tutelle & aux débats formez contre ce compte, & autres pieces juftificatives sur lefquelles la Sentence eft intervenue, le Comte de la Maffais qui ignore où elles font, & qui eft dans l'impoffibilité abfolue de les repréfenter, a pris le parti de foutenir M. du Vigier non-recevable dans son appel & dans fa demande. Les fins de non-recevoir qui s'élevent contre cette tentative inouïe, font fi favorables & fi preffantes, que le Comte de la Maffais a lieu d'efperer que quand elles feront développées aux yeux de la Cour, elle ne trouvera pas de difficulté de les adopter.

## M O Y E N S.

On peut réduire à trois les différentes fins de non-recevoir qui fe réuniffent contre l'appel & contre la demande de M. du Vigier.

La premiere fe tire du laps de tems. Perfonne n'ignore que toute Sentence paffe en force de chofe jugée après trente ans du jour de fa fignification ; or, au moment de l'appel de M. du Vigier, il y avoit foixantedeux ans que cette Sentence étoit renduë & fignifiée. L'appel ne peut donc en être recevable.

Il eft vrai que cette fignification n'a point été faite au domicile ni au Procureur du fieur du Candal, que repréfente en cette partie M. du Vigier. Mais on a obfervé que le contrat d'union du 11 May 1680 portoit expreffément que les fignifications qui feroient faites au domicile du Procureur de la Direction, vaudroient autant que fi elles avoient été faites au domicile de chaque créancier. Les Sieurs & Demoifelle de la Maffais en faifant fignifier cette Sentence au domicile de ce Procureur ont fatisfait à tout ce qu'on pouvoit exiger d'eux , & dès-là il eft impoffible de les fruftrer de tout l'avantage que la Loy y a attaché.

On convient que le fieur du Candal auteur de M. du Vigier n'eft point Partie dans les contrats d'union de 1680 , 1682 & 1684 , & que ces contrats n'ont point été homologuez avec lui ; mais ni les Directeurs ni les heritiers qui ignoroient abfolument fa créance, n'ont point été obligez à cette procedure, & il feroit contre toutes les regles de la Juftice de permettre que son heritier pût se faire un moyen de la négligence & du silence de son auteur. Si lorsqu'un heritier plus proche se présente dans une succession, on confirme ce qui a été fait de bonne foi par l'heritier plus éloigné qui étoit en possession, ou même par un Curateur à une succession vacante; & si on l'oblige de prendre les choses dans l'état où il les trouve, à plus forte raison n'autorisera-t-on pas un créancier particulier qui s'est caché pendant les treize premieres années qui ont suivi le décès de celui de la succession duquel il s'agit, à renverser les opérations, contrats & Jugemens qui ont été faits, ou rendus avec le corps des heritiers & des créanciers réunis. Si cela étoit admis, on rendroit la condition du créancier qui se cache meilleure que celle de celui qui manifeste son droit. Ce créancier est obligé de subir la Loy que les trois quarts des créanciers lui imposent. Pour s'en affranchir il lui suffiroit de ne se pas découvrir, & d'attendre que tous les biens fussent vendus, pour remettre en question tout ce qui auroit été fait dans la Direction, & inquieter des Acquereurs de bonne foi. Ce sistême révolte la raison & la Justice. Il faut juger l'action de ce créancier par le droit qu'il eût eu s'il se fût découvert. Ce contrat d'union eût été alors une Loi inviolable pour lui, à laquelle il eût été obligé de se soumettre. Qu'il eût donné son consentement ou qu'il l'eût refusé, l'homologation n'en eût pas moins été prononcée contre lui. Dès-là ce contrat doit être réputé homologué avec lui, d'autant que c'est la juste peine de sa négligence, & qu'il ne peut imputer qu'à lui, si elle n'a pas été alors demandée contre lui, & il fait Loi vis-à-vis de lui de même que si elle eût été prononcée, pour l'obliger de reconnoître tous les Jugemens, & tous les acquiescemens que le corps des créanciers a cru devoir prêter pour le bien commun.

Les sieurs du Candal eux-mêmes en ont pensé ainsi; en 1692 loin d'attaquer le contrat d'union, ou de se plaindre de ses dispositions, ils se sont addressez aux Directeurs & ont fait déclarer contr'eux leurs titres exécutoires, comme contre les seules Parties autorisées à y défendre. Comment M. du Vigier peut-il après cela proposer la distinction des créanciers qui ont été Parties dans le contrat, de ceux qui n'y ont point été appellez, tandis que ses auteurs inconnus au moment du contrat, au premier moment qu'ils se sont fait connoître, en ont formellement approuvé toutes les dispositions par leur propre procedure ? Peut-il être permis à leur successeur d'attaquer & de prétendre renverser au bout de plus de 60 ans, ce qu'ils se sont eux-mêmes cru obligez de respecter ?

Le laps de tems fournit une autre fin de non-recevoir, qui n'est pas moins victorieuse.

L'article 113 de la Coutume de Paris porte „ Que si aucun a joui & „ possedé heritage ou rente à juste titre & de bonne foi, tant par lui, que „ par ses prédecesseurs, dont il a le droit & cause, franchement & sans „ inquietation, par dix ans entre présens, & vingt ans entre absens, âgez „ & non privilegiez, il acquiert prescription dudit heritage ou rente. L'art. 114 ajoute „ qu'il a prescrit contre toutes rentes ou hipoteques „ prétenduës sur ledit heritage. „

D

L'article 118 dit „ Que fi aucun a joui & poffedé un heritage ou rente,
„ par l'efpace de trente ans continuellement, tant par lui que par fes pré-
„ deceffeurs, franchement, publiquement & fans inquietation, fup-
„ pofé qu'il ne faffe apparoir de titre, il a acquis prefcription entre âgez
„ & non privilegiez. "

Or, au moment de l'appel de M. du Vigier par lequel il attaque le titre du Comte de la Maffais, il y avoit non pas dix ans, non pas trente ans, mais foixante-deux ans d'écoulez, entre âgez & non privilegiez. Le Comte de la Maffais a donc prefcrit les heritages qu'il poffede depuis fi long-tems avec titre & bonne foi; & ils font purgez de toutes dettes & hipoteques qu'on eût pû prétendre fur ces heritages; dès-là l'appel de M. du Vigier eft fans objet & ne peut être recevable par le défaut d'interêt, parce que quand il parviendroit à faire anéantir la Sentence de 1683, il ne pourroit jamais empêcher que le Comte de la Maffais n'eût prefcrit à titre de tiers détempteur toutes les créances dont il lui demande le payement fur ces Terres, & purgé les hipoteques qu'il veut faire revivre, par le feul benefice du tems que le Comte de la Maffais a poffedé fans être inquieté par une déclaration d'hipoteque qui étoit à cet égard la feule voye de fe pourvoir contre lui.

La feconde fin de non-recevoir réfulte de la tranfaction du 3 May 1698.

Pour fentir toute la force de cette fin de non-recevoir, il faut faire deux obfervations fur la qualité des Parties qui y contractent, & fur le genre des conventions qu'elle contient.

Les Parties font M. du Vigier & le fieur du Candal fon auteur, comme les principaux heritiers de la Dame de l'Orme; & le Comte de la Maffais comme créancier de la fucceffion de l'Orme, & Adjudicataire par l'acte du 21 Juillet 1684, des Terres de Mouchamp & du Parc-Soubife.

On a beaucoup infifté à l'Audience fur ce qu'il n'étoit fait mention dans aucun endroit de cette tranfaction, de la Sentence arbitrale du 7 Septembre 1683; mais pour peu qu'on y faffe attention, on demeure convaincu que cette réflexion eft abfolument puerile.

En effet, on y énonce l'acte de licitation du 21 Juillet 1684 qui contient l'adjudication faite aux Sieurs & Dlle. de la Maffais, en exécution de la Sentence arbitrale du 7 Septembre 1683, & cet acte porte formellement que le prix de 177000 liv. pour lequel ils fe rendent Adjudicataires, fera compenfé jufqu'à dûë concurrence avec les créances à eux adjugées par cette Sentence. Comment eft-il poffible de fe faire dans ces circonftances un moyen de ce que cette tranfaction ne fait pas mention de la Sentence arbitrale? L'acte de licitation des Terres n'étant que l'exécution de cette Sentence, & ne pouvant fe foutenir qu'autant que la Sentence fubfiftoit; c'eft avoir reconnu cette Sentence & l'avoir approuvée que d'avoir traité avec le Comte de la Maffais comme créancier de la fucceffion de l'Orme, & Adjudicataire des biens qui lui avoient été donnez en payement pour éteindre les créances que cette Sentence lui adjugeoit. Dire le contraire, c'eft fe refufer à l'évidence même.

Les conventions que la tranfaction contient font encore plus précifes que les qualitez des Parties. On a obfervé que la Dame de l'Orme avoit deux fortes de créances, la plus grande partie étoit anterieure à celle du Comte de la Maſſais ; l'autre qui conſiſtoit dans une ſomme de 16050 liv. pour le remploi d'une maiſon à Rennes, qui lui avoit appartenu, avoit été jugée par l'Arrêt du 8 Février 1688, n'être que de 1666, jour de l'aliénation, & être poſterieure à celle du Comte de la Maſſais. Les heritiers de la Dame de l'Orme avoient par conſéquent grand interêt d'éclairer le titre des créances du Comte de la Maſſais pourêtre payez, s'il étoit poſſible, des 16050 liv. & des interèts qu'ils ne pouvoient prétendre qu'après lui. D'un autre côté, les ſieurs du Candal avoient dèslors commencé l'Inſtance pour demander le payement des 50000 liv. qu'ils prétendoient leur être dûes, & comme l'hipoteque qu'ils avoient pour cette créance étoit également poſterieure à celle du Comte de la Maſſais, il leur importoit de diminuer ſes créances pour faire place aux leurs. Si la Sentence arbitrale de 1683 & l'adjudication de 1684 avoient pû être attaquées, c'étoit l'inſtant de le faire ; mais ni M. du Vigier ni les ſieurs du Candal après avoir diſcuté ces pieces, ne crurent la choſe poſſible, & ils ne firent de réſerves de ces créances, qui ne leur étoient pas payées, que ſur les autres biens de la ſucceſſion.

*Et attendu*, porte la tranſaction, *qu'outre & par deſſus leſdites ſommes, il eſt dû auſdits Sieurs & Dames heritiers celle de 16050 liv. & pluſieurs années d'interêts pour la maiſon de Saint Nicolas de Rennes, vendue par ledit feu ſieur de l'Orme & ladite Dame ſa veuve, dont il n'y a hipoteque que du 22 Novembre 1666 ; ils ſe réſervent tous leurs droits & prétentions, pour raiſon de ce, même tous les droits & prétentions qu'ils ont de leur chef ſéparez de ceux de la Dame de l'Orme ; comme auſſi le ſieur de la Maſſais ſe réſerve expreſſément tous ſes droits contre la ſucceſſion du ſieur de l'Orme pour être indemniſé de tous les engagemens qu'il eſt obligé de contracter par la préſente tranſaction, & encore pour l'indemnité qui lui eſt dûe, à l'égard de Meſſieurs de Richebourg & de Caumartin, même pour raiſon de la dette à lui cedée par les ſieurs Prépoſez ſur le ſieur Sanguin & autres ſes droits generalement quelconques, ſans que la préſente tranſaction puiſſe nuire aux droits des uns à l'encontre des autres, ni à leurs défenſes reſpectives, au moyen de quoi les heritiers de la Dame de l'Orme ont conſenti main-levée pure & ſimple de toutes leurs ſaiſies réelles & mobiliaires, & qu'elles demeurent nulles & ſoyent rayées de tous Regiſtres.*

Il eſt impoſſible de ſe refuſer à l'évidence de cette convention, ni d'étendre à un autre objet que celui dont il y eſt queſtion, les réſerves qui y ſont portées.

Les heritiers de la Dᵉ. de l'Orme n'étoient point payez par cette tranſaction des 16050 l. qui n'avoient que l'hipoteque de 1666. Ils réſervent à cet égard leurs droits pour s'en faire payer. D'un autre côté, les ſieurs de Candal venoient d'intenter Procès aux heritiers du ſieur de l'Orme pour obtenir la condamnation des 50000 liv. qu'ils prétendoient leur être dûes. Cette tranſaction quoique paſſée au nom des heritiers ne pourra nuire à cette prétention, ni aux défenſes qu'on y oppoſe. Le Comte de la Maſſais ſe réſerve de ſon côté les indemnitez que la ſucceſſion & Direction de l'Orme lui devoit. Mais loin que ces réſerves puiſſent porter ſur les créances des Sieurs & Demoiſelle de la Maſſais, liquidées par la Sentence arbitrale du 7 Septembre 1683, ni ſur l'adjudication faite en conféquence ; elles fuppofent au contraire que cette Sentence & cette adjudication fubfifteront dans toute leur force ; puifque ce n'eft qu'à titre de créancier & d'Adjudicataire, qu'ils traitent avec le Comte de la Maffais, & qu'ils lui donnent main-levée pure & fimple de la faifie-réelle qu'ils avoient fait faire des biens qui lui avoient été adjugez ; main-levée qu'ils n'euffent pas donnée, fi cette Sentence & cette adjudication n'euffent pas fubfifté, non-feulement parce qu'elles étoient l'unique titre de proprieté du Comte de la Maffais, & qu'on ne pouvoit ni faifir réellement, ni donner main-levée fans reconnoître cette proprieté, mais encore parce que ceffant cette Sentence, il neût point été queftion de diftinguer les hipoteques, & que le Comte de la Maiffais eût été forcé en qualité de tiers détempteur de leur payer fans diftinction toutes leurs créances, ou de déguerpir.

Or, il eft de principe que ce qui a été une fois approuvé ne peut plus déplaire, & qu'on n'eft pas recevable à revenir fur fes pas, ni à interjetter appel d'une Sentence à laquelle on a acquiefcé, & qu'on a foi-même exécutée. Il eft vrai, que M. du Vigier n'a donné ce confentement implicite qu'en qualité d'heritier de la Dame de l'Orme, & qu'il agit dans la Caufe comme donataire du fieur de Candal ; mais outre que le fieur du Candal qu'il repréfente eft lui-même Partie dans la tranfaction du 3 May 1698, & qu'il y a donné le même confentement ; cette différence de qualité eft incapable d'affoiblir la fin de non-recevoir qui lui eft oppofée. Ce n'eft pas qu'on prétende, comme on l'a infinué de fa part, attacher à cette approbation l'effet d'aucune garantie, ni qu'on aille jufqu'à dire que fi les créances du Comte de la Maffais étoient attaquées par des tiers, & qu'il fût à ce fujet inquieté par eux, dans la poffeffion de fes Terres, ni la Dame de l'Orme, ni fes heritiers fuffent garans de fa joüiffance. Mais on foutient que pour eux ces créances & la Sentence qui les a liquidées font inattaquables ; parce qu'ayant traité avec lui en qualité de créancier & d'Adjudicataire, & ayant fouffert la divifion de leurs créances, & qu'il leur payât celles qui lui étoient anterieures, & qu'il fût déchargé des pofterieures ; cette convention contient de leur part un traité définitif & une approbation formelle de ces créances qu'ils ne peuvent plus attaquer.

La troifiéme fin de non-recevoir encore plus puiffante que les deux premieres, fe tire de la tranfaction du 21 Juillet 1684.

On a vû qu'en 1680 tous les créanciers connus s'étoient unis & avoient nommé des Prépofez pour régir & gouverner les affaires de la fucceffion de l'Orme ; on avoit donné à ces Directeurs le pouvoir le plus ample, de traiter, tranfiger, compofer avec les débiteurs & avec les créanciers de la fucceffion, & même de faire l'ordre, & il avoit été expreffément ftipulé que ce qui feroit arrêté par eux dans les Affemblées de la Direction auroit autant de force que fi chaque créancier y avoit figné. On étoit convenu par le même contrat de deux Confeillers en la Cour pour juger les difficultez qui fe préfenteroient entre les heritiers & les créanciers, & ftatuer fur les débats formez par les Sieurs & Demoifelle de la Maffais contre le compte qui leur avoit été rendu par les Prépofez, de la tutelle que le fieur de l'Orme avoit euë de leurs perfonnes

fonnes & biens, avec promeffe de s'en rapporter à eux, comme à Arrêt de Cour Souveraine, à peine de 3000 l. de dédit.

En conféquence les Arbitres prennent communication du compte de tutelle, des débats & des foutenemens, & de toutes les pieces jufti-ficatives produites de part & d'autre, & après avoir jugé tous les articles en conteftation, ils en arrêtent le reliquat à 239000 liv.

Le fieur de la Haye qui étoit un des oyans compte fe plaint de cette Sentence & en interjette appel pour faire augmenter le reliquat. Les he-ritiers & les Directeurs réunis ménacent de leur côté d'en interjetter appel. Les Sieurs & Demoifelle de la Maffais effrayez des longueurs & des frais attachez à cet appel, offrent de remettre 27000 liv. fur leurs créances, en fe foumettant de la part des heritiers & des créanciers, à ce qui y avoit été jugé. Ces offres font acceptées, & on paffe en con-formité une tranfaction par laquelle les Directeurs ftipulant au nom de tous les créanciers & les heritiers unis, acquiefcent purement & fim-plement à cette Sentence, en confentent l'execution & exigent un défiftement de l'appel interjetté par le fieur de la Haye. Sur cette foi les Sieurs & Demoifelle de la Maffais portent à un prix exceffif quel-ques biens & effets de cette fucceffion, & ils les prennent en payement de ce qui leur eft dû; & c'eft après foixante-deux ans de paifible poffef-fion, & que ce payement a tout confommé, qu'un créancier particu-lier vient attaquer la Sentence qui en eft le fondement, quoiqu'il l'eût connuë 45 ans auparavant, & qu'il l'eût alors expreffément approuvée.

On le dit avec confiance. Si une pareille tentative étoit confacrée, il n'y auroit plus rien de certain dans la focieté, aucun Citoyen ne pour-roit s'y dire en fûreté, ni à l'abri des recherches; & il faudroit renon-cer à traiter jamais avec aucune Direction. Heureufement nos Loix ont prévû ces inconvéniens, & leur fageffe y a pourvû.

Et en effet, nous n'avons point parmi nous de maxime plus conftante, que celle qui oblige chaque créancier, dans le cas où le corps des créanciers, formé & repréfenté par le plus grand nombre, & par ceux dont les créances font les plus confiderables, a cru devoir, pour l'interêt commun de tous les créanciers, s'unir en corps, & ne former qu'une feule & même pourfuite pour tous les créanciers, fous le nom collectif des Syndics qu'ils ont nommez, à fuivre les Loix & les operations de la Direction. De-là il fuit que dès que cette Direction a été formée & approuvée par la Juftice elle-même, qui a homo-logué les contrats d'union, & la nomination des Syndics; dès que la Juftice a déferé à ces Syndics la pourfuite & la difcuffion des biens de leur débiteur, pour l'interêt commun de tous les créanciers; dès-lors les Directeurs font devenus les Mandataires de tous les créanciers géné-ralement fous l'autorité de la Juftice même; & les Auteurs de M. du Vi-gier fe font trouvez unis de droit au corps des créanciers, & n'ont pû déf-avouer tout ce qui a été fait par les Syndics, parce que non-feulement l'autorité de la Juftice qui avoit approuvé la Direction, & qui avoit déferé aux Syndics la pourfuite de la difcuffion des biens du Sr. de l'Orme pour l'interêt de tous les créanciers, les foumettoit néceffairement à toutes les operations du Syndicat & de la Direction, mais encore parce que

E

les difpofitions des Ordonnances les obligeoient néceffairement à y déferer.

L'article 5 du titre 11 de l'Ordonnance de 1673, porte : „ Que les „ réfolutions prifes dans l'affemblée des créanciers, à la pluralité des voix, „ pour le recouvrement des effets du débiteur commun, ou l'acquit des „ dettes, feront exécutées par provifion.

L'article 6 explique „ Que les voix des créanciers prévaudront par „ le nombre des perfonnes, eu égard à ce qui leur fera dû, s'il monte „ aux trois quarts du total des dettes.

L'article 7 ajoute : „ En cas d'oppofition ou de refus de figner les „ déliberations par les créanciers dont les créances n'excederont le quart „ du total des dettes, voulons qu'elles foient homologuées en Juftice, „ & exécutées comme s'ils avoient tous figné.

L'efprit de l'Ordonnance dans cet arrangement eft d'empêcher qu'un ou plufieurs créanciers de mauvaife humeur, ne puiffent arrêter l'effet des déliberations prifes par le plus grand nombre, pour le bien & l'avantage commun, & de regarder ce qui fera arrêté par le plus grand nombre des créanciers, comme s'il étoit arrêté & approuvé par tous les créanciers, fans exception ; & c'eft pour cela que l'article 7, porte : „ Qu'en cas d'oppofition ou de refus de figner les déliberations par les „ créanciers dont les créances n'excederont le quart du total des det- „ tes, elles feront homologuées en Juftice, & exécutées comme s'ils „ avoient tous figné.

Il fuffit donc aux termes de l'Ordonnance que le plus grand nombre des créanciers fe foit uni en corps, & ait jugé à propos de former une Direction, en nommant des Syndics & Directeurs pour pourfuivre les droits de tous les créanciers, pour que quelques-uns des créanciers qui n'y auroient point concouru, ou même qui s'y feroient oppofez, foient obligez de fe foumettre à ce qui a été décidé par le plus grand nombre, & de reconnoître le corps de la Direction repréfenté par les Syndics, & pour que ce qui fera fait avec le corps des créanciers, foit cenfé fait avec eux-mêmes, l'Ordonnance ne voulant pas qu'ils puiffent dans ce cas fe féparer du corps des créanciers, & les y uniffant en quelque forte malgré eux-mêmes.

Ainfi toutes les fois qu'une Direction s'eft formée par le fuffrage & le concours du plus grand nombre des créanciers, toutes les fois que la Juftice l'a autorifée, en homologuant les contrats d'union, & en déferant aux Syndics feuls la pourfuite & la difcuffion des biens de leur débiteur, il en refulte une union tacite & de droit, avec tout le corps des créanciers, à l'égard de ceux-mêmes qui n'y auroient pas concouru, ou bien qui s'y feroient oppofez dans le principe ; & l'effet de cette union eft que les actes qui auront été faits, les Jugemens qui auront été rendus avec le corps des créanciers repréfentez légitimement par les Directeurs, foient auffi valables, & ayent la même force contre chacun des créanciers en particulier, que s'ils avoient été faits ou obtenus avec eux.

Pour appliquer ces principes à l'efpece, que s'eft-il paffé en 1680, lors de la mort du fieur de l'Orme ? Une foule de créanciers fe préfenterent dont les créances montoient à des fommes confiderables ; mais en même-tems les biens du fieur de l'Orme, & les effets qui étoient à recouvrer, foit fur le Roi, foit fur des débiteurs particuliers, préfentoient auffi un objet confiderable ; l'on conçoit que fi l'on eût laiffé agir chacun des créanciers felon fes vûës, que fi l'on n'eût arrêté dans le principe les pourfuites que chaque créancier étoit fur le point de faire, par l'union de tous les créanciers en un même corps, repréfentez par les Syndics, tout auroit été confumé en frais. Tous les créanciers d'un commun accord ont donc nommé des Directeurs pour ftipuler les droits de tous les créanciers, & pour faire les pourfuites néceffaires pour parvenir au recouvrement des effets de leur débiteur commun.

L'acte de nomination des Directeurs eft du 11 Mars 1680 ; cet acte a été homologué par Arrêt de la Cour ; il a été renouvellé en 1682 & 1684 avec une extenfion des mêmes pouvoirs.

Les Directeurs autorifez par des titres auffi folemnels, ont fait tous les recouvremens qui fe font préfentez, ils ont fait face à tout, ils ont fait toutes les pourfuites, & ils ont été reconnus pour feuls contradicteurs légitimes par tous ceux qui ont eu des affaires à difcuter avec la fucceffion de l'Orme. Ni le fieur du Candal ni fes neveux qui font venus enfuite, & que M. du Vigier repréfente, n'ont formé aucune oppofition à l'union des créanciers, ils n'ont point contredit la nomination qui avoit été faite des Directeurs ; c'eft donc les avoir reconnus tacitement.

Mais s'ils euffent voulu s'y oppofer, ils l'auroient fait inutilement ; on leur auroit oppofé le fuffrage d'un corps de créanciers dont les créances montoient à des fommes confiderables, l'autorité des Arrêts d'homologation du Syndicat, & enfin les difpofitions de l'Ordonnance dont on vient de rendre compte.

Or dès que M. du Vigier, ni fes Auteurs, n'ont pû s'oppofer au contrat d'union, & qu'ils ont été néceffairement unis de droit au corps des créanciers, il eft d'une confequence invincible, que ce qui a été jugé avec les Syndics des créanciers, a été jugé avec eux-mêmes, d'où il fuit par une feconde confequence également néceffaire que la Sentence arbitrale, & la tranfaction obtenue contre les Directeurs, ont le même effet contr'eux que s'ils y euffent été nommément compris, & qu'ils font par confequent non-recevables à l'attaquer.

Inutilement pour affoiblir cette fin de non-recevoir, M. du Vigier dit-il que le fieur du Candal fon Auteur, n'a point été Partie dans le contrat d'union, & qu'il n'a point été homologué avec lui. Un Magiftrat auffi éclairé que lui a fans doute prévu la réponfe victorieufe que cette objection recevoit.

Pour qu'on eût été obligé de faire homologuer avec le fieur du Candal les contrats de 1680 & de 1682, il eût fallu qu'on l'eût connu dans la fucceffion, & qu'il eût fait refus de les figner. Or le fieur du Candal étoit alors également inconnu aux héritiers & aux créanciers unis. Sans entrer dans les motifs qui le déterminoient à ne point faire ufage de fa créance, il eft certain qu'au décès du fieur de l'Orme, il n'avoit fait aucun acte confervatoire qui pût l'annoncer, & que tant qu'il a vêcu, il a gardé le même filence ; on ne pouvoit donc le faire affigner pour voir ordonner une homologation qu'on ignoroit l'intereffer ; à la bonne heure que ſes héritiers n'ayent pas imité ce ſilence, & qu'ils ayent réuſſi à faire confirmer leur créance; c'eſt ce qu'on ne leur envie point; mais ils ſont du moins obligez de prendre les choſes dans l'état où ils les ont trouvé lors de leur premiere pourſuite, & il ne peut leur être permis d'attaquer les Jugemens & les Tranſactions paſſées de bonne foi dans la ſucceſſion avant qu'on eût vû éclore leur créance.

Qu'il ſoit permis de propoſer à ce ſujet quelques exemples.

Il arrive tous les jours dans une ſucceſſion qu'un créancier héréditaire fait ſaiſir un immeuble ſur un héritier apparent, ou même ſur un Curateur à la ſucceſſion vacante, & que dans la ſuite il ſurvient un héritier plus proche qui prend la place du premier heritier ou du Curateur. Loin que ce changement ſoit un prétexte pour arguer de nullité la ſaiſie-réelle, & toutes les pourſuites faites contre cet héritier apparent, ou contre ce Curateur, il eſt au contraire de principe que les variations qui peuvent arriver n'empêchent point que les procedures ne ſoient valables, & ne ſubſiſtent, par la raiſon que le pourſuivant n'a pû diriger ſa pourſuite que contre celui qui repréſentoit la ſucceſſion, & qu'on juge que les créanciers ne peuvent pas ſouffrir d'un mouvement qui leur eſt étranger, & qu'ils n'ont pû ni prévoir ni empêcher.

La Loi 22, au *ff. de minoribus viginti quinque annis*, examine cette theſe dans l'hipoteſe la plus favorable au changement de qualité. C'eſt celle où un Tuteur a renoncé pour ſon mineur à une ſucceſſion qui lui étoit avantageuſe, & où devenu majeur il revient contre cette répudiation. En même tems que la Loi prononce que ſa reſtitution doit être admiſe, elle décide qu'il ne peut détruire ce qui a été fait légitimement avant ſa reſtitution. *Cùm minor reſtituitur ad adeundam hæreditatem, quæ anteà geſta erunt per Curatorem bonorum Decreto Prætoris ad diſtrahenda bona ſecundum juris formam conſtitutum rata & adhibenda, Calpurnio, Flacco, Severus & Antoninus reſcripſerunt.*

Cette maxime ſi ſage du Droit Romain a été adoptée dans nos mœurs.

Pocquet de Livoniere l'a reconnuë ſi conſtante, qu'il en a fait une de ſes Regles du Droit François, liv. 4, chap. 9, n. 25. Le mineur, dit-il, qui a renoncé à la ſucceſſion & ſouffert de la perte de cette renonciation, ſe peut faire reſtituer; mais ce qui aura été fait de bonne foi avec le Curateur à la ſucceſſion abandonnée doit ſubſiſter.

C'eſt ce qui eſt de même établi par le Brun dans ſon Traité des Succeſſions; par Tronçon ſur l'article 316 de la Coutume de Paris, & ſe trouve jugé par un Arrêt du 21 Juillet 1705, rendu en la Cour, au rapport de M. Pinon, & rapporté au troiſiéme volume des Arrêts notables d'Augeard.

C'eſt ſur ce même principe qu'on a confirmé de nos jours en faveur du Comte de Mailly, par Arrêt du 29 Avril 1741, après partage, & ſur l'avis de M. Titon, l'adjudication de la Terre de Renneval, quoique depuis des heritiers ſe fuſſent fait reconnoître, & euſſent anéanti par-là la création de Curateur, & qu'il eût été jugé par Arrêt qu'il n'étoit rien dû au pourſuivant. On eſtima que la création de Curateur ayant été faite dans la bonne foi, l'Adjudicataire ne devoit pas ſouffrir de l'extinction poſterieure du titre du pourſuivant.　　　　C'eſt

C'eſt ſur le même fondement , que par deux Arrêts récents , on a débouté la Demoiſelle Ferrand de ſa demande en nullité de la vente d'une Maiſon ruë Serpente , dépendante de la ſucceſſion de M. le Préſident Ferrand ſon pere , faite par ſes oncles dans un tems que ſon droit à la ſucceſſion n'étoit pas connu : Et la Dame du Pujet d'une demande en nullité d'une ſaiſie-réelle & d'une adjudication de la Terre de Francheſſe , faite à M. le Duc de Levy , ſur un Curateur à une ſucceſſion vacante en conſéquence de la renonciation faite pour elle à la ſucceſſion de ſon pere.

Il réſulte de ce principe , qui eſt inconteſtable , qu'un fils du ſieur de l'Orme , ſi par impoſſible il s'en étoit préſenté en 1692 , date de la premiere Requête du ſieur du Candal , n'eût pû attaquer la Sentence du 7 Septembre 1683 , ni la tranſaction du 21 Juillet 1684. Or s'il eût été obligé malgré toute la faveur de ce titre , de prendre les choſes dans l'état où il les trouvoit , à plus forte raiſon un créancier particulier dont le titre étoit alors inconnu , & qui pour la premiere fois n'a manifeſté ſon droit qu'en 1692 , n'a jamais été Partie capable pour attaquer ni l'un ni l'autre , & il eſt également non-recevable dans ſon appel & dans ſa demande , par la raiſon qu'il eſt obligé de prendre les choſes dans l'état où il les a trouvées au moment de ſa premiere demande , & que ſans être Partie dans le contrat de 1680 il y étoit uni de droit , tant qu'il ne reclamoit pas contre cette union qui n'avoit pour objet que le bien commun.

Mais le Comte de la Maſſais eſt heureuſement en état de porter encore plus loin ſa défenſe. Non-ſeulement les ſieurs du Candal que M. du Vigier repreſente ont été unis de droit au corps de la Direction ; ils y ont adheré & été unis de fait. La preuve en réſulte de la procedure même qu'ils ont tenuë en 1692. S'ils n'euſſent pas adheré au contrat d'union & reconnu la nomination des Directeurs , ils euſſent été obligez de s'adreſſer non-ſeulement aux héritiers , mais même d'aſſigner dans leur propre ſiſtême chaque créancier pour voir déclarer commun avec eux l'Arrêt à intervenir , à l'effet de n'être pas expoſez de leur part à des tierces-oppoſitions ; cependant ils n'ont pourſuivi que les héritiers & les Directeurs , & c'eſt contr'eux ſeuls qu'ils ont obtenu l'Arrêt du 19 Août 1709 qui déclare leurs titres exécutoires. Ils n'ont pû tenir cette conduite ſans adherer au contrat d'union , & ſans reconnoître que les Directeurs étoient ſeuls Parties capables pour ſtipuler les droits de tous les créanciers , & que ce qui feroit jugé avec eux vaudroit autant que s'il étoit jugé contre chaque créancier en particulier. Admettra-t-on 53 ans après , M. du Vigier à revenir ſur ſes pas , & à improuver la propre conduite de ſes auteurs pour remettre en queſtion ce qu'ils ont connu & ce qu'ils ont approuvé ? Non ſans doute , ſi le point de Droit laiſſoit quelque difficulté , ce qu'on ne penſe pas , le point de fait les diſſipe entierement.

Ces moyens établis , il eſt aiſé de répondre en peu de mots aux objections contenues dans le Mémoire de M. du Vigier.

1°. Dit-on , il eſt étonnant qu'on lui oppoſe le laps de tems qui s'eſt écoulé depuis 1683 juſqu'en 1745 , puiſque les créanciers & les heri-

tiers étoient alors liguez contre lui pour faire rejetter fa créance , &
que ce n'eſt qu'en 1709 qu'il eſt parvenu à avoir contr'eux un Arrêt qui
déclare ſes titres executoires. D'ailleurs jamais la Sentence de 1683 ne
lui a été ſignifiée ; il ne l'a connue que par la communication qui vient
de lui en être donnée. Il lui a ſuffi de l'attaquer alors , & on ne peut lui
oppoſer tout le tems qui s'eſt écoulé avant cette ſignification.

La réponſe eſt prompte. Les Sieurs & Demoiſelle de la Maſſais qui
ignoroient le droit du ſieur du Candal, n'ont pû être obligez de lui ſigni-
fier leur Sentence , & ils ont dû ſe repoſer ſur la clauſe du contrat d'u-
nion, qui portoit que les ſignifications faites au domicile du Procureur de
la Direction, vaudroient comme ſi elles avoient été faites à celui de chaque
créancier. Les Sieurs du Candal n'étoient pas obligez d'attendre l'Arrêt
de 1709 , pour attaquer le contrat d'union , ni la Sentence arbitrale de
1683. Cet Arrêt ne leur a pas à cet égard donné plus de droit qu'ils
n'en avoient auparavant. S'ils ne l'ont pas fait ni avant, ni depuis cet Arrêt,
ce n'eſt que parce qu'ils étoient convaincus qu'ils ne pouvoient avoir de
moyen pour les débattre. Recevra-t'on M. du Vigier 36 ans après
l'Arrêt dont il excipe , à attaquer une Sentence que la tranſaction du 3
May 1698 prouve de la maniere la plus claire qu'il a alors connuë & approuvée , & qui d'ailleurs a été ſuivie d'une tranſaction paſſée avec les
ſeules Parties que les Sieurs & Demoiſelle de la Maſſais connuſſent &
duſſent conhoître.

M. du Vigier ne répond pas mieux à la preſcription de 10 ans & de
20 ans qui milite en faveur du Comte de la Maſſais. Il prétend qu'il
n'a ceſſé de plaider contre lui comme heritier beneficiaire, & que ce n'eſt
qu'en 1744 qu'il a pû obtenir le compte qu'il lui demandoit.

Mais cette réponſe roule ſur une pure ſubtilité. Un heritier beneficiaire ne faiſant en lui aucune confuſion, il eſt néceſſaire de diſtinguer dans
le Comte de la Maſſais deux qualitez, celle d'heritier & celle de créancier.
Comme heritier pour un douziéme, il a été Partie avec ſes autres co-heritiers dans l'Arrêt de 1709; c'eſt en cette qualité qu'il a été condamné, par
l'Arrêt de 1744 , à rendre compte à M. du Vigier. Jamais le Comte de
la Maſſais ne lui a oppoſé à cet égard aucune preſcription, & il n'en
feroit pas queſtion, ſi M. du Vigier s'étoit contenté de ſuivre l'execution
de l'Arrêt du 27 Mars 1744 , & de débattre ſon compte ; mais c'eſt lui
qui a jugé à propos de changer de batterie , & au lieu de débattre le
compte qui lui a été rendu, il a imaginé d'attaquer le titre de créance du
Comte de la Maſſais , pour parvenir enſuite à détruire l'adjudication qui
lui a été faite en conſequence de cette créance. Or à cet égard la fin de
non-recevoir qui réſulte du laps de tems ſubſiſte dans toute ſa force ; les
pourſuites faites contre le Comte de la Maſſais en ſa qualité d'heritier
beneficiaire ne peuvent jamais ſervir d'interruption à la preſcription qui
lui eſt acquiſe comme créancier & comme tiers-détempteur. Le Comte
de la Maſſais n'en invoqueroit pas le ſecours, s'il lui étoit poſſible de raſ-
ſembler toutes les pieces ſur leſquelles cette Sentence eſt intervenue ;
mais lorſque le laps de tems ne lui permet plus de les retrouver , elle eſt
trop favorable pour ne pas réunir tous les ſuffrages.

Mais , dit M. du Vigier , l'Arrêt du 27 Mars 1744 m'a donné la faculté de débattre le compte qui me fera rendu, l'appel que j'interjette, n'eſt qu'un débat contre ce compte, puiſque vous fondez votre dépenſe dans le compte ſur la Sentence du 7 Septembre 1683.

Ce n'eſt encore là qu'une pure équivoque. Le Comte de la Maſſais n'a rien reçu ni rien dépenſé comme heritier beneficiaire. Il ne peut y avoir de débat contre ce compte, que ce qui tendra à prouver le contraire, & on ne prétend point à cet égard rien ôter à M. du Vigier de la faculté que lui accorde l'Arrêt ; mais la Sentence du 7 Septembre 1683 n'a rien de commun avec ce compte, les auteurs du Comte de la Maſſais ne l'ont obtenu qu'à titre de créancier, & il n'en a parlé dans ſon compte, que parce que l'Arrêt du 27 Mars 1744 l'obligeoit de juſtifier du titre de proprieté, en vertu duquel il poſſedoit des biens qui ont dépendu de cette ſucceſſion. Il n'eſt donc pas vrai que cet appel ſoit un débat contre le compte. C'eſt au contraire un débat contre la créance du Comte de la Maſſais, & jamais l'Arrêt du 27 Mars 1744 n'a eu intention de lui accorder la faculté d'attaquer cette créance, avec d'autant plus de raiſon, qu'il y avoit déja dix ans qu'on lui en avoit donné copie, en execution de l'Arrêt du 3 Septembre 1733, & que l'ayant reſpecté pendant tout ce tems, on étoit bien éloigné de penſer qu'en 1745, il changeroit à ce point de ſyſtême & de plan de défenſe.

La réponſe de M. du Vigier à la ſeconde fin de non-recevoir, tirée de la tranſaction du 3 May 1698, n'eſt pas plus ſolide.

Il ne s'agiſſoit point alors, dit-on, des créances du ſieur de la Maſſais, il n'étoit queſtion que de celles de la Dame de l'Orme, & c'eſt ſur celles-là ſeules qu'on a tranſigé. Il eſt de principe qu'une tranſaction qu'on paſſe pour raiſon d'un droit ne peut jamais lier pour les autres droits, ſoit qu'on les eût alors, ſoit qu'on ne les ait acquis que par la ſuite.

Cette réponſe ſeroit propoſable, ſi en 1698 le Comte de la Maſſais, en qualité de tiers-détempteur des Terres de Mouchamp & du Parc-Soubiſe, eût payé aux heritiers de la Dame de l'Orme toutes les créances indiſtinctement qu'ils avoient à exercer contre la ſucceſſion, parce qu'alors rien n'eût été plus indifferent que de ſçavoir s'il étoit ou n'étoit pas créancier ; mais il y avoit une partie de ces créances pour laquelle ils n'avoient qu'une hipoteque poſterieure au Comte de la Maſſais, & qu'il ne leur a pas en effet payée. Or pour l'affranchir du payement de cette créance, il a été indiſpenſablement néceſſaire d'entrer dans le mérite des ſiennes, & de ſon titre de poſſeſſion, & c'eſt avoir reconnu ces créances pour valables & avoir renoncé à les attaquer, que d'avoir conſenti par une tranſaction ſolemnelle faite avec lui en qualité de créancier & d'adjudicataire, à ne recevoir que les créances anterieures aux ſiennes. Qu'on ſe tourne & retourne tant qu'on voudra, cette convention emportera toujours un acquieſcement implicite aux diſpoſitions de la Sentence arbitrale, qui après 47 ans écoulez eſt irrévocable de la part de celui-même qui l'a donné.

La maniere dont on a prétendu écarter la troiſiéme fin de non-recevoir, tirée de la qualité de ceux qui ont acquieſcé à la Sentence arbitrale de 1683, eſt ſinguliere.

La diſpoſition de l'Ordonnance, a-t-on dit, qui veut que les réſo-

lutions prifes par les trois quarts des créanciers foient exécutées comme
fi tous y avoient figné , n'a lieu que vis-à-vis de ceux qui y ont été Parties ou appellez ; or le fieur du Candal n'a été ni Partie , ni appellé dans
les contrats d'union de 1680 , 1682 & 1684. Inutilement dit-on qu'on
ne le connoiffoit pas. Tout le monde fe réuniffoit alors pour contefter
fes créances. Ne feroit-il pas fouverainement injufte de vouloir le forcer
de s'en tenir à des actes qui ont été paffez , pendant qu'à force de chi-
cannes on tenoit fon droit en fufpens ?

Tout ce difcours ne roule que fur une fuppofition qui n'eft pas excu-
fable. Tant que le fieur du Candal a vêcu , il n'a jamais ofé faire ufage
de fa créance. Nulle oppofition de fa part au fcellé ni au contrat d'union.
On défie M. du Vigier de prouver le contraire. La premiere démarche
de fes heritiers eft du 18 Avril 1692. La Sentence arbitrale eft du 7
Septembre 1683, l'acquiefcement des Directeurs eft du 21 Juillet 1684,
8 ans avant que ces heritiers fe fuffent préfentez en Juftice. Comment
peut-on donc avancer que lors de cette Sentence & de cette tranfaction
on lui conteftoit fes créances, qu'on ne connoiffoit feulement pas ? Il
faudroit tâcher de mettre plus d'exactitude dans fa défenfe.

Mais , dit-on, il ne faut pas confondre les arrangemens qui regardent
les biens du débiteur, comme le recouvrement de fes effets & la liquidation de fes dettes actives , avec les droits refpectifs des créanciers. Dans
ce qui touche les droits actifs du débiteur, les Prépofez & les Directeurs
peuvent lier les créanciers , s'ils font d'ailleurs munis de tous les pouvoirs fuffifans ; mais il n'en eft pas de même des droits refpectifs des
créanciers; quelques réfolutions que prennent à cet égard les créanciers, on n'eft pas obligé de s'y tenir ; il n'y a aucune Loi qui le prefcrive,
& il eft permis à un créancier particulier qui fe trouve lezé , de fe pourvoir & d'élever fa voix. Auffi arrive-t-il tous les jours que quand un
ordre eft arrêté dans une Direction , un créancier porte fes plaintes en
Juftice, & eft écouté ; cela eft d'un ufage invariable.

On convient qu'il faut mettre une différence entre les arrangemens
qui regardent les biens du débiteur commun , & les droits refpectifs de
chaque créancier , & que quelques réfolutions que ces Directeurs prennent , ils ne peuvent nuire aux privileges , préferences & hipoteques de
chaque créancier ; & de-là vient que quoiqu'il y ait un ordre arrêté dans
la Direction , chaque créancier qui prétend n'y être pas colloqué à la
date de fon hipoteque a le droit d'y former oppofition. Mais malheu-
reufement pour la diftinction de M. du Vigier , nous ne fommes point
dans le cas où il puiffe dire qu'on ait fait rien de contraire à fes droits ,
& le Comte de la Maffais fe trouve au contraire dans celui où M. du Vigier
convient lui-même que ce qui eft arrêté par les Directeurs fait Loi pour
tous les créanciers.

En effet, de quoi s'agiffoit-il en 1680 ? D'obliger les créanciers de
s'unir & de les empêcher de faire chacun fes pourfuites particulieres ,
qui euffent multiplié les frais , & confommé fans fruit tous les biens.
Les heritiers naturellement étoient les feules Parties contre lefquelles les
créanciers dûffent diriger leurs actions & faire liquider leurs créances.
Cependant comme ils n'acceptoient la fucceffion que par benefice d'inventaire ,

ventaire, on leur affocie des Directeurs, & on affujettit chaque créancier à faire liquider fa créance avec eux, & on ftipule expreffément
que ce qui fera jugé avec eux aura autant d'effet que s'il l'étoit avec
chaque créancier. Cette convention n'a point eu pour objet d'avantager
l'un des créanciers au préjudice de l'autre; mais elle étoit indifpenfable,
puifque fi chaque créancier eût été obligé de faire liquider fes créances
contre chaque créancier en particulier, ç'eût été le moyen de faire tout
périr & de ne rien terminer. Tous les créanciers connus ont foufcrit à
cet arrangement, & il a été exécuté de bonne foi par l'union des créanciers & par la nomination des Directeurs. Dès-là les Directeurs font
devenus les Procureurs nez de tous les créanciers, & ce qui a été jugé
avec eux, eft cenfé jugé avec chaque créancier en particulier; c'eft
ce qui arrive toutes les fois que la Juftice a autorifé un contrat d'union,
& qu'elle a déferé à des Directeurs la pourfuite des droits des créanciers
pour l'interêt commun. Les Directeurs font conftituez les mandataires
de chaque créancier; l'autorité de la Juftice foumet chaque créancier
à celle du Syndicat & de la Direction, & il n'eft plus libre à chaque
créancier d'agir en fon particulier. Ce qui eft jugé avec le Corps de la
Direction eft réputé jugé avec lui.

S'il en étoit autrement, il n'y auroit plus rien de certain, & on ne
pourroit rien finir. Après qu'on auroit jugé cent fois la même chofe,
rien n'empêcheroit qu'on ne fût expofé à la néceffité de la faire juger
encore autant. Les Arrêts les plus folemnels feroient fujets à être atta-
quez par des tierces oppofitions qui éterniferoient les Procès. C'eft ce
qu'on n'admettra jamais dans les Tribunaux, & c'eft ce principe qui a
fait rejetter par deux Arrêts récens, dans la Direction de Romanet & dans
celle de Chatelain, des tierces oppofitions formées à des Arrêts obtenus
par des créanciers particuliers contre les Directeurs, quoique ces tiers
oppofans ne fuffent point Parties dans les contrats d'union, & que ces
contrats ne fuffent pas homologuez avec eux, par la feule raifon qu'ils
ne s'étoient pas alors manifeftez, & qu'il ne fuffit pas d'avoir interêt
d'attaquer un Jugement pour pouvoir le faire; mais qu'il faut encore
avoir qualité, & y avoir été Partie néceffaire; ce qui ne peut jamais
être vrai de la part d'un créancier particulier, qui doit fuivre la Loy com-
mune, fans que fon oppofition ou fon refus d'adherer à l'union des autres
créanciers puiffe y donner aucune atteinte.

Pour fentir toute la force de ce moyen, on ne veut que l'exemple de
la Dame de l'Orme, & des fieurs du Candal que M. du Vigier repréfente.

La Dame de l'Orme a eu des créances à exercer contre la fucceffion
de fon mari. Les feules Parties qu'elle ait appellées à cette liquidation, &
contre lefquelles elle a fait déclarer fes titres exécutoires par l'Arrêt du
8 Février 1688, ont été les heritiers beneficiaires & les Prépofez. Les
fieurs du Candal après elle ont fuivi la même route, & ils n'ont obtenu
l'Arrêt du 19 Août 1709, que contre les Directeurs & les heritiers beneficiaires : preuve fans replique que le contrat d'union leur étoit connu,
& qu'ils y adheroient & en approuvoient toutes les claufes. M. du Vigier
peut-il être recevable à critiquer dans les auteurs du Comte de la Maffais
ce que les fiens ont fait? Et s'il troùveroit mauvais qu'un créancier pofte-

rieur à lui, vînt aujourd'hui former tierce oppofition aux Arrêts des 8 Février 1688, & 19 Août 1709, & lui demandât la repréfentation de toutes les pieces & titres fur lefquels ces Arrêts ont été rendus : Comment ne fent-il pas toute l'injuftice de vouloir l'exiger du Comte de la Maffais dont les créances ont été précifement liquidées de même par une Sentence arbitrale fuivie d'une tranfaction, confentie par les mêmes Parties, avec lefquelles il a obtenu ces deux Arrêts ?

Refte à dire un mot de l'union de fait des Auteurs de M. du Vigier au contrat du 11 Mai 1680. M. du Vigier a cru y répondre, en difant d'un côté, que Madame de l'Orme en approuvant le contrat d'union du 11 Mai 1680, ne s'étoit à cet égard foumife à aucune garantie ; & de l'autre, qu'il n'agiffoit pas dans la caufe comme héritier de la Dame de l'Orme, mais comme donataire du fieur du Candal.

Mais il eft aifé de diffiper ces deux réponfes.

1°. La Dame de l'Orme ne s'eft, à la vérité, foumife à aucune garantie envers les Sieurs & Demoifelle de la Maffais, au fujet de la Sentence arbitrale du 7 Septembre 1683, & de l'adjudication du 21 Juillet 1684 ; mais toute fa conduite & fes demandes formées lors de l'Arrêt du 8 Février 1688, prouvent qu'elle reconnoiffoit cette adjudication, & qu'elle approuvoit le titre en vertu duquel elle leur avoit été faite ; & qu'après cet Arrêt elle n'eût pas été recevable à l'attaquer. Or il eft impoffible de concevoir que l'héritier d'un défunt puiffe exercer toute action que celui qu'il repréfente n'eût pû foutenir. En fuccedant au benefice, il fuccede aux charges, & il ne peut effacer les fins de non-recevoir que la défunte a laiffé acquerir contre elle, parce qu'elles font une charge inherente à la fucceffion qu'elle lui a tranfmife ; il faut ou s'y foumettre ou répudier la fucceffion.

2°. On vient de voir que les fieurs du Candal, que M. du Vigier repréfente dans la caufe, & du chef defquels il y agit, ne s'étoient pas moins foumis au contrat d'union des 11 Mai 1680, & 10 Juin 1682, que la Dame de l'Orme. Il eft vrai qu'ils ne l'ont point figné, & qu'on ne l'a point fait homologuer avec eux, parce que leur créance étoit alors inconnue ; mais en 1692, lorfqu'ils fe font déterminez à agir, il eft conf-tant dans la caufe qu'ils n'ont dirigé leur action que contre les héritiers & les Prépofez, de même que les Srs. & Dlle. de la Maffais. C'eft avoir de leur part formellement approuvé ce contrat ; c'eft avoir acquiefcé à toutes les claufes qu'il renfermoit ; c'eft avoir reconnu que chaque créancier n'étoit obligé qu'à faire liquider fes créances que contre les héritiers & les Prépofez, & qu'aux termes du contrat le Jugement rendu avec eux lioit chaque créancier, puifque fans cela ils euffent dû n'attaquer que les heritiers, ou diriger dans leur fiftême leur demande contre chaque créancier en particulier. Comment a-t-on pû après une pareille conduite, prétendre n'être pas uni à ce contrat, & critiquer 53 ans après une procedure qu'on a foi-même fuivie ?

Tout fe réunit donc en faveur du Comte de la Maffais ; le fiftême de M. du Vigier revolte la raifon, la juftice & les regles de l'ordre judiciaire, &, ce qu'il y a de plus fingulier, eft contraire à fes propres interêts ; puifque ce feroit compromettre tout ce que fes Auteurs ont fait juger depuis 60 ans, que de l'admettre. Tant de motifs réunis font efperer au Comte de la Maffais que M. du Vigier fe déterminera de lui-même à l'abandonner, & qu'il préviendra par un défiftement également fage & néceffaire, une condamnation qui eft inévitable ; fa réfiftance ne fera propre qu'à lui faire perdre le mérite du facrifice.

*Monfieur* **TITON**, *Rapporteur.*

M<sup>e</sup>. **BROUSSE**, Avocat.

**GILLET**, Proc.

De l'Imprimerie de **PAULUS-DU-MESNIL**, Grand'Salle du Palais, au Pilier des Confultations, au Lion d'or. 1745.